평 신 도 양 육 교 재

예수를 따르는 삶
Life Following Jesus

KB206009

세상을 회복하는 삶

평신도 양육교재

예수를 따르는 삶

세상을 회복하는 삶

발행일 : 초판 1쇄 인쇄 2008년 10월 24일
　　　　　개정판 1쇄 인쇄 2014년 3월 14일
발행인 : 우순태
편집인 : 유윤종
책임편집 : 강신덕
기획/편집 : 전영욱, 강영아
디자인/일러스트 : 최동호, 권미경, 오인표
홍보/마케팅 : 강형규, 박지훈
행정지원 : 조미정, 신지현

펴낸곳 : 도서출판 사랑마루
　　　　　서울시 강남구 테헤란로 64길 17(대치동)
대표전화 : TEL (02) 3459-1051~2/ FAX (02) 3459-1070
홈페이지 : http://www.eholynet.org, http://www.ibcm.kr
등록 : 2011년 1월 17일 등록번호/ 제2011-000013호
ISBN : 978-89-7591-320-4 04230

Contents

평신도 양육교재 예수를 따르는 삶

발간사   5

일러두기   6

7단원(회복) 세상을 회복하는 삶

1과   기독교인의 직장생활   9

2과   직업과 소명   17

3과   폭력 없는 사회   24

4과   쉼과 여가   32

5과   자연과 화해하는 삶   38

- 교육과정개발 : 남은경

- 교재집필 : 강병오 박문수

- 교재개정 : 박향숙

평신도 양육교재

예수를 따르는 삶

Life Following Jesus

1권	1단원 (생명)	구원 받은 삶
2권	2단원 (사랑)	이웃을 사랑하는 삶
3권	3단원 (회복)	은혜로 회복된 삶
4권	4단원 (공의)	하나님의 의를 실천하는 삶
5권	5단원 (생명)	생명을 살리는 삶
6권	6단원 (사랑)	관계가 풍성한 삶
7권	7단원 (회복)	세상을 회복하는 삶
8권	8단원 (공의)	하나님의 나라를 이루는 삶

발간사

평신도는 단지 예배 참석자가 아닙니다. 평신도는 목회의 동역자입니다. 평신도가 예수님의 제자로 세움을 입어서 주님의 명령(마 28:18-20)대로 가르쳐 지키게 하는 사명을 감당해야 합니다. 평신도들이 사역의 주체가 될 때, 아름다운 주님의 교회가 세워지고 하나님의 나라가 확장될 것입니다.

교단창립 100주년 교육사업의 일환으로 성결교회 평신도 제자화 교육과정을 개발하고 4종류의 교재를 만들었습니다. 그것은 '새신자교재→세례교재→양육교재→사역교재' 입니다. 교회에 처음 나온 새신자도 반드시 사역자로 양성하겠다는 의지가 담겨있는 시리즈 교재입니다. 이 교재에 담겨있는 핵심 키워드는 '구원→믿음→생활→사역' 입니다.

성결교회의 모든 신자들은 하나님의 은혜로 구원받아 온전한 믿음을 가지고 삶이 변화되어 주님의 사역자로 세움을 입어야 합니다. 교회에서는 새신자들이 새신자교육과 세례교육을 언제든지 받아서 온전한 신앙을 형성할 수 있도록 도와야 합니다. 그리고 양육과 사역교재를 통하여 평신도 사역자를 키워야 합니다. 만약 신앙연수가 오래되었지만 신앙이 성숙치 못한 신자가 있다면, 양육교재와 사역교재를 통하여 건강한 사역자로 세움을 입을 수 있을 것입니다.

성결교회의 새로운 100년을 맞이하면서 목회현장에 실제적으로 도움이 될 교재가 개발된 것은 참으로 기쁘고 감사한 일입니다. 앞으로 평신도들이 주님의 몸 된 교회의 주체가 되고, 역사의 책임 있는 존재가 될 수 있도록 돕는 교재들이 지속적으로 개발될 것입니다. 아름다운 주님의 비전을 꿈꾸며 새 역사의 주인공이 됩시다.

기독교대한성결교회 총무 우순태 목사

일러두기

성숙한 신앙인은 세상 사람들의 눈으로 보기엔 불편하게 사는 사람일 것이다. '주님이 원하시는 삶은 어떤 것일까?' '주님은 이럴 때 어떤 결정을 내리실까?' '내가 진정한 주님의 제자라면 어떻게 행동해야 할까?' 라는 고민을 가지고 사물을 대하고 세상을 살아가기 때문이다. 하지만 궁극적으로는 세상에 대한 이러한 질문, 그리고 그 대답에 따라 불편하더라도 당당하게 살아나갈 때, 우리는 참다운 기쁨이 넘치는 삶을 살 수 있다는 것을 잘 알고 있다. 모든 성결교인들이 이러한 기쁨을 누리며 살기를 바란다. 이를 위하여 양육교재가 도움이 되기를 바라며, 몇 가지 사항을 일러두고자 한다.

첫째, 본 교재는 성인 양육을 위한 교재이다. 여기에서 성인은 법적으로, 사회적으로, 경제적으로 자립할 수 있는 사람이며, 생물학적으로 아이를 가질 수 있는 육체적으로 성숙한 사람이며, 심리학적으로 청년기를 지나고 삶의 특별한 과정을 경험한 사람이며, 교육적으로 그가 속한 사회와 문화가 마련한 어느 정도의 학교 교육을 성취한 사람이다. 또한 신앙인으로서 자신의 생애를 통하여 삶의 스타일(life style)을 형성해 가는 존재이며, 영적으로 성장 발달해 가는 존재이다.

둘째, 본 교재는 평신도를 위한 교재이다. 대부분의 내용은 일상생활에서 겪을 만한 상황이나 생각해 보아야 할 만한 주제와 내용을 담고 있다. 여기서 평신도의 의미는 단순히 교회의 구성원 중에서 평범한 사람을 의미하는 것이 아니라 교회의 대부분을 차지하는 구성원으로서 주님의 자녀이며, 제자이고, 교회를 교회되게 이끌어 가야하는 각 지체를 의미한다. 따라서 이 양육의 과정을 통하여 평신도는 더욱 성장하여 목회의 동역자로서 하나님께서 허락하신 사역의 한 부분을 감당할 수 있도록 성숙하여야 한다. 이 교재를 잘 마친다면 교회에서는 집사나 구역장 등의 역할을 맡겨도 될 정도의 훈련이 이루어질 것이다.

셋째, 본 교재 교육과정의 내용 범위는 교단의 사중복음을 서울신학대학교 성결교회신학연구회가 이 시대의 언어로 표현한 '생명', '사랑', '회복', '공의'의 신학적 설명으로 한다. 그래서 이제까지 성결교회의 교육이 개인의 영혼 구원과 개인적 삶에 있어서의 성결에 집중하였다면, 이제는 사회의 보편 가치들에 대한 복음적 시각을 갖는 데까지 교육의 목표와 장(場)을 확대하고자 한다. 그래서 생활의 모든 영역에서 구체적인 문제와 사회적, 문화적, 윤리적, 정치적, 생태적 차원까지 다루고 있다.

넷째, 이 교재는 단순히 읽기용 책이나 답을 달기 위한 성경공부 교재가 아니라 모임의 참가자들이 함께 각 주제에 따라 고민하고, 결단하고, 실천하는 워크숍 교재에 가깝다. 따라서 참가자의 답 달기와 인도자의 답 해설에 의존하는 다소 구태의연한 성경공부 교재가 아니라 함께 목적을 위하여 삶을 연습해 가는 안내서이다. 이 교재를 바탕으로 서로 격려하고, 섬김을 베풀고, 감사를 표현하는 과정을 통해 더욱 풍성한 하나님의 은혜를 누리게 될 것이다.

이러한 본 교재를 가지고 모임을 인도하게 될 인도자는 비록 목회자이거나 지도자라고 할지라도 무엇인가 지식을 가르치려고만 노력하는 것은 바람직하지 않다. 물론 이 과정을 잘 인도하기 위해서 본 교재의 각 과가 이루고자 하는 목표와 그에 따르는 내용들에 대해서는 철저하고 꼼꼼하게 준비해야겠지만 자신이 깨달은 바를 참가자들도 스스로 깨달을 수 있도록 인도해야 한다. 뿐만 아니라 인도자와 학습자간의 나눔을 통해서 서로의 은혜가 더욱 풍성해 질 수 있도록 배려해야 한다.

이 교재를 통해 자신의 영적인 성숙을 기대하는 학습자들은 단순히 성경의 지식을 더 얻겠다는 정도의 생각으로 임하거나, 성경에서 답을 찾아 빈칸을 채우는 다소 수동적인 자세만을 보이는 것은 바람직하지 않다. 자신의 경험과 생각을 함께 나누고 인도자의 답을 기다리기 전에 먼저 고민하고 성경의 의미를 깨닫기 위해 노력해야 한다. 그리고 결국에는 이러한 모든 것들이 나의 일상생활에서도 실천될 수 있도록 노력하겠다는 다짐 속에서 생활에 임해야 한다.

본 양육교재는 모두 8권, 각 권당 5과 씩, 총 40개의 주제를 다룰 것이다. 적지 않은 양이기는 하지만, 신앙인들이 교회에서나 사회에서 부딪히게 될 모든 주제들이 다 다루어 진 것은 아니다. 하지만 이 40개의 주제를 다루며 배우고, 생각하고, 느끼고, 결단하고, 실천하는 과정을 통해서 한 단계 더 성숙된 신앙인으로 나아갈 수 있는데 도움이 되리라 생각한다.

본 교재를 바탕으로 한 평신도의 양육이 성공적으로 이루어져서 모든 성도들이 교회뿐만 아니라 가정과 사회에서 주체적 존재가 되며, 성결교회의 교인으로서, 또한 그리스도의 제자로서 확고한 정체성을 갖으며, 마침내 이 땅 위에서 하나님의 뜻대로 살아가고 하나님의 나라를 이루어 내는 하나님의 사람으로 거듭나게 되기를 바란다.

7단원(회복)
세상을 회복하는 삶

기독교인의 직장생활

배울말씀 다니엘 6장 1-10절

새길말씀 너희가 이방인 중에서 행실을 선하게 가져 너희를 악행한다고 비방하는 자들로 하여금 너희 선한 일을 보고 오시는 날에 하나님께 영광을 돌리게 하려 함이라 (벧전 2:12)

관심갖기   기독교인의 직장 생활 유형

다음의 세 이야기는 기독교인이 사회 속에서 나타내 보일 수 있는 유형들에 관한 것들입니다. 이야기를 읽고 주어진 질문에 답해 봅시다.

> **첫 번째 이야기 (　　　　　)**
>
> 　김 집사님은 흔히 교회에서 신앙이 좋으신 분이란 소리를 듣는다. 교회의 공예배를 꼭꼭 참석하실 뿐만 아니라 헌금도 많이 하시고, 남보다 앞서서 교회 봉사도 도맡아 하시고 기도도 열심히 하신다. 그런데 집사님은 세상에 대해는 매우 비판적이고 부정적이다. 그래서 세상이 어떻게 돌아가든 신앙인은 신앙생활만 잘하면 되고, 또 그렇게 하면 하나님이 복을 주셔서 악한 세상에서도 복 받고 만사형통하게 된다고 생각한다. 그런데 집사님은 신앙 우선이라는 구실로 사회생활을 자기중심적으로 하다 보니, 늘 이웃과 관계가 원만하지 못하고 부딪히게 되어 이웃들에게 선한 영향을 끼치기는커녕 오히려 '저 사람 때문에 교회 안 가.'라는 소리를 자주 듣게 된다. 직장생활에 있어서도 성실하게 최선을 다해 직장인으로 먼저 인정 받기보다는 신앙을 구실로 불성실한 태도를 보여서 직장동료들에게 자주 따가운 눈총을 받고 왕따를 당한다.

두 번째 이야기 (   )

　이 집사님은 신앙보다는 사회의 구조나 법칙에 따른 생활에 더 많은 비중을 둔다. 신앙은 명목적이고 사회생활이나 직장생활이 보다 더 실질적이다. 그는 사회생활을 신앙생활보다 더 충실히 행하고, 신앙생활은 여건이 될 때나 사회생활에 지장이 안 되는 범위 내에서만 한다. 신앙의 원칙이 아무리 고귀하더라도 그것이 사회적 원칙에 어긋나면, 그는 신앙으로 굳이 살 필요가 없고, 또 살 수 없다고 생각한다. 이 집사님은 철저한 현실주의자로서 신앙은 한낱 이상일 뿐 현실생활에서는 도저히 구현할 수 없기 때문에 세상의 법칙과 관습에 맞추어 살아가야 한다고 생각한다. 그래서 신앙인도 세속인처럼 별 수 없이 적당히 거짓말하고, 모함하고, 상황에 따라 용의주도하게 시류에 맞춰 살아야 한다고 생각한다. 이 집사님은 경쟁, 부패, 거짓이 난무하는 세상에서 살아남기 위해 자신도 그들과 똑같이 경쟁하고, 부정에 타협하고, 심지어 남을 속이면서 살아간다. 이 집사님은 생존경쟁을 위해서 수단과 방법을 가리지 않고 세속과 함께, 세속 속에서 거뜬히 살아남을 수 있는 방식과 처세술을 익혀 살아간다.

　세 번째 이야기 (   )

　우리 교회에는 설렁탕 집을 운영하는 집사님 가족이 있다. 김천에서 '고령설렁탕'이라는 음식점을 경영하고 있는데, 김천 집회를 갔던 김에 그 집에 들른 적이 있었다. …(중략)… 부인 집사님으로부터 다음과 같은 말을 들었다. "목사님, 우리 부부는 비록 설렁탕을 끓여 파는 장사꾼에 불과하지만 설렁탕 한 그릇을 끓여도 예수님께 대접하는 마음으로 끓입니다. 그래서 설렁탕에 들어가는 모든 재료를 다 최고로만 구입하여 쓰지요. 설렁탕에 들어가는 뼈와 고기는 말할 것도 없고, 김치 담글 때에 쓰는 무, 배추, 마늘, 고춧가루, 생강, 파 할 것 없이 모두 최고로 좋은 재료만 구입하여 사용한답니다." 부인 집사님으로부터 그이야기를 듣는 순간 온 몸에서 힘과 맥이 다 빠져나가는 듯한 은혜를 받았다. …(중략)… 어느날 그 집사님이 뼈를 공급하는 가게에서 뼈를 받아 끓이기 시작하는데 뼈에서 뽀얀 국물이 나오지 않고 누런 국물이 나오더란다. 아마도 뼈를 판 가게에서 실수를 하여 품질이 좀

떨어지는 뼈를 보냈던 모양이다. 전화를 하자 어쩔 줄 몰라 하며 사과를 하면서 우리 교회 집사님에게 이렇게 이야기하였다고 한다. "사장님, 오늘 하루만 커피 프림을 타시죠." 나는 그때 설렁탕 집 가운데 별로 좋지 않은 품질의 뼈를 사용한 후 그것을 눈속임하기 위해 커피 프림을 타는 집이 있다는 것을 처음으로 알게 되었다. 얼마든지 그렇게 해서 하루쯤 넘어갈 수 있었음에도 불구하고 우리 집사님은 아예 가게 문을 닫아 버렸다. 그러고는 가게 문 앞에 이렇게 큼지막한 글을 붙여놓았다. "오늘은 재료가 나빠서 장사 못합니다. 죄송합니다." 장사 수완으로 그렇게 한 것이 아니었다. 예수님을 대접하는 심정으로 끓이는 설렁탕인데 거기에 쉽사리 커피 프림을 타서 은근슬쩍 넘어갈 수가 없었기 때문이었다. 의도했던 바는 아니었으나 그와 같은 일을 통해 우리 집사님 가게는 손님들로부터 신용을 얻게 되었다.

(김동호의 "행복한 부자를 위한 5가지 원칙"에서)

위 이야기는 아래의 보기 중 각각 어느 유형에 해당할까요? 위의 빈칸에 적어 봅시다.

보 기
* 동화– 사회에 파묻혀 신앙의 능력이 전혀 드러나지 않는 상태
* 분리– 사회와 서로 대립각을 날카롭게 세워서 물과 기름처럼 된 상태
* 균형– 사회와 서로 유기적으로 연결되어 신앙이 사회생활에 좋은 영향을 주는 상태

기억하기

다니엘의 직장 생활

배울말씀인 다니엘 6장 1-10절을 읽고 주어진 질문에 답해 봅시다.

1. 다니엘은 어떤 사람으로 묘사되고 있습니까? 다음 표의 빈칸을 채우면서 확인
   해 봅시다.

나이 및 국적	80세 이상, 유대 (메대 바사 왕국의 포로 신분)
직업	
사람됨(4절)	
위의 보기 중 해당되는 신앙 유형	균형형

2. 다니엘이 외국인에 포로임에도 불구하고 메대 바사 왕국의 다리오 왕이 다니
   엘을 수석 총리로 등용하려고 한 이유는 무엇입니까? (단 6:3, 비교 단 1:4)

3. 다니엘은 어떻게 공직 생활을 했습니까? (단 6:4)

4. 흠잡을 데 없는 다니엘을 시기한 다른 총리와 방백들은 결국 다니엘의 어떤 행동에서 흠잡을 틈을 발견 했습니까? (단 6:5)

5. 다른 방백들에게 고소를 당할 빌미가 되긴 했지만, 다니엘이 균형 있는 신앙생활을 할 수 있었던 원동력은 무엇입니까? (단 6:7, 9)

6. "예루살렘으로 향한 창문을 열고 전에 하던 대로"와 "그의 하나님께 감사하였더라"에 담겨 있는 의미는 무엇일까요? (단 6:9-10)

① "예루살렘을 향하여" – 멸망한 조국을 향한 다니엘의 뜨거운 민족의식과 조국애를 엿볼 수 있다.

② "전에 행하던 대로" –

③ "감사" –

다니엘처럼

1. 오늘날 기독교인이 다니엘처럼 "아무 그릇함도 없고 아무 허물도 없이" 살아갈 수 있는 방법은 무엇일까요? 마태복음 10장 16절을 찾아 그 답을 찾아 봅시다.

> 보라 내가 너희를 보냄이 양을 이리 가운데로 보냄과 같도다. 그러므로 너희는
> (   ) 같이 (   ) (   ) 같이 (   ) (마 10:16)

2. 신앙생활(교회생활)을 하는 것이 혹시 사회생활에 방해가 되지 않습니까? 반대로 사회생활을 하는 것이 신앙생활에 방해가 되지는 않습니까? 만일 이런 어려움이 있다면 어떤 자세를 갖고 대처해 나가야 할까요? 아래에 주어진 두 성경 말씀을 바탕으로 생각해 봅시다.

> "죄가 있어 매를 맞고 참으면 무슨 칭찬이 있으리요 그러나 선을 행함으로 고난을 받고 참으면 이는 하나님 앞에 아름다우니라" (벧전 2:20)
>
> "오직 강하고 극히 담대하여 나의 종 모세가 네게 명령한 그 율법을 다 지켜 행하고 우로나 좌로나 치우치지 말라 그리하면 어디로 가든지 형통하리니" (수 1:7)

직장을 위한 기도

1. 아래는 직장인 전문 사역자 원용일 목사가 제안한 직장을 위한 기도 중 일부입니다. 함께 읽어봅시다.

> 우리 일터에 복을 내려주소서
>
> 일터의 주인이신 하나님,
> 일터를 주관하시는 주님을 찬양합니다.
> 오늘도 우리가 일하는 회사를 위해 기도합니다.
> 늘 바쁘고 허둥대지만 아침마다 일어나서 출근하는 곳,
> 우리가 이 일터에서 일할 수 있는 것을 오늘도 감사합니다.
>
> 원용일.『직장인 축복 기도문』중에서

2. 우리의 직장이 하나님께서 주관하시는 곳임을 선포하며 기독교인으로서 당당한 모습을 회복합시다. 이를 위해 일주일 동안 매일 우리의 직장을 품고 기도합시다. 아래의 빈칸에 일주일 동안 나만의 기도문을 적어 봅시다.

새길말씀 외우기

너희가 이방인 중에서 행실을 선하게 가져 너희를 악행한다고 비방하는 자들로 하여금 너희 선한 일을 보고 오시는 날에 하나님께 영광을 돌리게 하려 함이라 (벧전 2:12)

결단의 기도

능력이 많으신 하나님! 기독교인의 정체성을 상실하기 쉽고 기독교인답게 살아가기 어려운 세상에서 신앙으로 세상을 이기며 살아갈 수 있게 하옵소서. 신앙과 생활이 잘 조화되어 균형 있는 삶을 살게 하옵소서. 다니엘처럼 세상 가운데서도 주님이 주시는 능력과 지혜로 승리하며 살게 해 주시고 하나님께 늘 영광 돌리는 삶이 되게 하옵소서. 우리의 무능력과 불성실 때문에 하나님의 이름을 욕되게 하지 않게 하시고, 신앙 행위 때문에 핍박당하거나 비난 받을 때에는 신앙적 위기를 믿음으로 잘 극복하는 지혜로운 기독교인이 되게 하옵소서. 예수님의 이름으로 기도드립니다. 아멘.

직업과 소명

배울말씀   마태복음 25장 14~30절
새길말씀   부지런하여 게으르지 말고 열심을 품고 주를 섬기라 (롬 12:11)

평신도 양육교재
관심갖기
눈과 손이 없어도

아래의 글을 읽고 주어진 질문에 답해 봅시다.

> 행크스라는 한 미국인이 광산에서 일을 하다가 불의의 사고로 인해 두 눈이 멀게 되고, 두 손마저 잃게 되었다. 그는 몹시 절망하여 죽기로 작정하고 식음을 전폐하기 시작했다. 그런데 하루는 우연히 유명한 설교자의 집회가 열린다는 소식을 듣고 그 집회에 참석하게 되었다. 그는 설교자의 말 중에서 '사람마다 하나님으로부터 받은 사명이 있다'는 대목에서 강한 인상을 받았다. 집회 후 그는 설교자를 만나 "나 같이 눈도 없고, 손도 없는 인간에게 무슨 사명이 있겠습니까?"라고 힐문했다. 그러자 설교자가 "당신에게는 아직 입과 귀와 발이 있지 않습니까? 눈과 손이 없을지라도 있는 것을 가지고 하나님의 영광을 나타낼 수 있지 않겠습니까?"라고 대답해 주었다. 행크스는 그 말을 듣고 일순간에 희망을 발견하게 되었다. 그는 곧 신앙을 받아들이게 되었고 그 뒤 웅변술을 배우기 위해 대학에 입학하였다. 그는 기억력이 남보다 비상한 장점을 바탕으로 우수한 성적으로 졸업하고는 미국에서 유명한 강연자 중에 한사람이 되었다.

1. 행크스의 이야기는 우리에게 무엇을 말해 줍니까?

2. 현재 내가 하는 일에 대해서 나는 어떻게 생각하고 있나요?

배울말씀인 마태복음 25장 14-30절을 읽고 주어진 질문에 답해 봅시다.

1. '소명'이라는 단어의 의미는 무엇일까요? 본문에서 그에 해당되는 구절을 찾아 봅시다. (마 25:14)

2. 주인은 다섯 달란트와 두 달란트 받은 종에게 결산을 받고 나서 어떤 칭찬과 상급을 주었습니까? (마 25:21, 23)

칭찬	착하고 충성된 종으로 작은 일에 충성했다.
상급	

3. 주인은 한 달란트 받은 종에게 어떤 책망을 했습니까? 주인은 왜 그에게 그런 책망을 했습니까? (마 25:26)

책망	
책망이유	받은 달란트를 활용하지 않고 그대로 묻어 두었기 때문이다.

4. 주인에게 '칭찬 받은 종들'의 공통점은 무엇입니까? 각 구절을 통해 그 공통점을 찾아봅시다.

마 25:16	
마 25:16-17	받은 재물을 가지고 갑절이나 이익을 남겼다. 좋은 결과를 거두었다.
마 25:21, 23	

5. 받은 재물이 재능을 의미한다면, 주인에게 '책망 받은 종'이 한 행동, 즉 땅을 파서 돈을 묻어 둔 행위는 무엇을 의미할까요?(마 25:18, 25절 참조)

구두 닦는 대통령

아래의 글을 읽고 주어진 질문에 답해 봅시다.

링컨이 대통령이 된 뒤 얼마 되지 않은 날이었습니다. 이른 아침 비서가 그를 급히 찾을 일이 생겼습니다. 비서는 대통령의 직무실로 가보기도 하고 복도로 나가 찾아보기도 했지만 실내 어디에도 그는 없었습니다.

비서는 밖으로 나가서야 링컨을 찾을 수 있었습니다. 링컨은 한 모퉁이에 구부리고 앉아 있었습니다. 링컨은 자신의 구두를 닦고 있었습니다.

비서는 화들짝 놀랐습니다. 왜냐하면 그 무렵 링컨 대통령을 헐뜯는 사람들이 있었기 때문입니다. 대통령이 대통령답지 못하다는 것이 그들이 링컨 대통령을 헐뜯는 이유 중의 하나였습니다.

'링컨은 시골뜨기여서 대통령으로서의 품위가 없어!'

비서는 그 말이 생각나서 링컨에게 이야기했습니다.

"각하! 대통령의 신분으로서 그런 일을 하시다면…, 더욱이 다른 사람들이 그것을 본다면 뭐라고 하겠습니까? 이리 주십시오."

이 말을 들은 링컨이 조용히 웃으며 이야기했습니다.

"여보게, 신을 닦는 일이 부끄러운 일인가? 그렇게 생각하는 사람들이 잘못된 생각을 가지고 있는 것이 아닌가? 대통령이나 구두닦이나 다같이 세상일을 하는 우리 국민들이네. 세상에는 천한 직업이라고는 없네. 단지 천한 사람이 있을 뿐이라네."

1. 링컨의 자세는 기독교인들에게 직업에 대한 어떤 깨달음을 줄 수 있을까요?

2. 귀한 직업과 천한 직업에 대해서 성경은 어떻게 말씀하고 있을까요? 전도서 3장 22절을 찾아 아래의 빈칸에 적고 그 구절이 주는 깨달음을 서로 나누어 봅시다.

〈전도서 3장 22절〉

3. 직업을 소명적 차원에서 이해할 때, 직업인은 어떤 자세를 가져야 할까요? 아래에 주어진 성경 말씀을 참고로 하여 정리해 봅시다. 이 외에도 자신이 생각하는 직업에 대한 기독교인의 바람직한 자세에 대해 나누어 봅시다.

> 잠 21:5
> 부지런한 자의 경영은 풍부함에 이를 것이나 조급한 자는 궁핍함에 이를 따름이니라
>
> 딛 2:10
> 훔치지 말고 오히려 모든 참된 신실성을 나타내게 하라 이는 범사에 우리 구주 하나님의 교훈을 빛나게 하려 함이라
>
> 딤전 4:15
> 이 모든 일에 전심 전력하여 너의 성숙함을 모든 사람에게 나타나게 하라

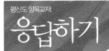

나의 소명, 나의 직업

아래의 글을 읽고 주어진 질문에 답해 봅시다.

달렌 피터슨은 33세에 교회 수련회에 참가하여 회심하게 되었다. 그는 회심 이후 자신이 잘하는 것으로 사람들을 행복하게 도와주고 싶다는 소명을 가지고 청소도우미 서비스 회사를 창업하게 된다. 그가 회사 운영의 목표로 내세운 것은 다음과 같다. "우리가 하는 모든 일에서 하나님을 경외하라. 개개인의 발전을 돕자. 탁월함을 추구하자. 이윤을 증대하자."

그는 이후 미국 최대의 청소회사 메리 메이즈

의 설립자로서 서비스 업계의 신화적인 인물이 되었다. 1974년 아내와 어린 자녀 둘과 함께 직접 걸레통을 들고 다니며 시작한 작은 청소회사가 12년 만에 2,400만 달러의 가치를 지닌 초대형 기업으로 성장한 것이다.

그는 단지 사업의 성공뿐 아니라 기독교인으로서 진정한 의미의 성공 인생의 모델이 되었다. 사람을 최우선으로 생각하고 배려하는 원칙을 고객은 물론 동료와 협력자에게까지 실천하였음은 물론이고, 소외된 이웃을 향한 섬김과 봉사의 삶을 살고 있기 때문이다. 그는 진정한 성공과 행복을 다른 사람의 성공을 도와주고, 행복하게 해주는 데에서 찾으려고 했다.

그는 현재, 찰스 W. 콜슨과 함께 교도소선교회 사역을 감당하고 있고 서비스마스터 중역위원회, 월도프대학평위원회, 루터신학교이사회 등에서 봉사하고 있다. 달렌은 경영 일선에서는 떠나 있지만 여전히 그의 아내 글레니스와 함께 플로리다 주 네이블즈에서 소외된 이들의 따뜻한 이웃으로 살고 있다.

직장사역연합 인터넷 홈페이지(http://www.bmi.or.kr) 자료 참조
갓피플몰(http://mall.godpeoplel.com)의 『행복한 청소왕』저자 소개 참조.

1. 위 이야기에서 달렌 피터슨이 기독교인으로서 발견한 자신의 소명은 무엇이었습니까?

2. 직장 생활과 일상 생활 속에서 소명의식을 가지고 살기 위해서 어떤 자세를 가져야 할까요? 구체적으로 이야기를 나누어 봅시다. .

부지런하여 게으르지 말고 열심을 품고 주를 섬기라 (롬 12:11)

결단의 기도 ·····

사랑의 하나님! 저희들을 구원해 주셔서 영생의 삶을 살게 하시고 현실의 삶 속에서도 직업적 소명을 갖고 살게 해주심을 감사드립니다. 주신 달란 트를 나의 재능으로 알고, 주신 직업을 천직으로 감사히 받아 하나님을 기 쁘게 하며 영광 돌리는 삶을 살게 하옵소서. 다섯 달란트, 두 달란트 받은 종처럼 잘했다 칭찬 받는 청지기가 되게 하옵소서. 사회생활, 직장생활을 하는 가운데 주님이 주시는 능력과 지혜로 날마다 승리하며 살게 해 주시고 빛과 소금으로 살게 하옵소서. 직업적 무능과 불성실로 인해 하나님의 이 름을 욕되게 하지 않게 하시고, 사회적 책임을 다하고 봉사하는 삶을 살게 하옵소서. 예수님의 이름으로 기도드립니다. 아멘.

3
평신도 양육교재

폭력 없는 사회

배울말씀   창세기 4장 1–12절
새길말씀   온 율법은 네 이웃 사랑하기를 네 자신 같이 하라 하신 한 말씀에서 이루어졌나니
             만일 서로 물고 먹으면 피차 멸망할까 조심하라(갈 5:14–15)

평신도 양육교재
관심갖기
폭력으로 무너진 삶

아래의 신문 기사를 읽고 주어진 질문에 답해 봅시다.

> 초등학교 5학년. 처음에 누가, 왜 그랬는지는 기억조차 안 난다. 부모님 일로 전학을 갔고, 그 얼마 뒤 시작됐단 것만 어렴풋이 떠오른다. 심하게 맞진 않았다. 그냥 아이들은 "왜 사냐."며 빈정거렸다. 처음엔 내가 새로 전학을 와서 그런 건가 생각했다. 그런데 어느새 그 몇몇이 우리 반 아이들로, 반 아이들이 전교생이 됐다. 그렇게 얼마 지나지 않아 난 이렇게 불렸다. '찐따'라고.
>
> 중학교 1학년. 일부러 집에서 멀리 떨어진 여자중학교에 지원했다. 초등학교 동창들을 만나기 싫어서. 그런데 미선이(가명)가 이 학교에 왔다. 초등학교 동창 중 한 명. 미선이가 몇몇 친구에게 나를 가리키며 쑥덕거리는 모습을 봤다. 불안했다. 아니나 다를까. 한 달도 되지 않아 내겐 '초등학교 때 왕따'라는 이름표가 붙었다. 이유 없는 괴롭힘은 같았지만 '나쁜 말' 수위는 훨씬 잔인해졌다. 이름이 없어지고 나는 이렇게 불렸다. '더러운 년', '창녀', '걸레'라고.
>
> 중학교 2학년. 시도 때도 없이 신경이 곤두서 있었다. 아이들 입을 보기 무서웠다. 그들은 미술 시간에 내가 그린 그림을 찢으며 욕을 했다. 시험 기간엔 내 책상에 빨간 글씨가 쓰여 있었다. '죽어라'라는. 스마트폰을 쓰고 나

서영이를 따라다닌 '나쁜 말'의 악몽

초등학교 5학년	·주로 교실에서 물리적 행동과 함께 일어나는 면대면 언어폭력 ·"네가 뭔데 재랑 똑같은 머리색을 하냐", "왜 사냐, 찐따같은 게"와 같은 말과 함께 서영이의 머리에 물을 뿌리거나 그녀에게 쓰레기를 집어 던지는 행동
중학교 입학 시기	·본격적인 언어폭력과 뒷담화의 시작. 성적인 욕설 등장 ·"더럽다", "골빈X", "창녀 같은 X" 같은 말과 함께 조별 활동 등에서도 소외
중학교 1학년 중반	·2G유대전화를 구입한 뒤 문자메시지에 언어폭력이 시작됨 ·어느 날 '444-4444'라는 발신번호로 문자가 오기 시작. "너 그딴 식으로 살지 마라", "X발 미친X아니 얼굴 보니까 토 나와" 등 인신공격
중학교 2학년	·스마트폰으로 바꾼 뒤 페이스북과 단체 카카오톡(단톡) 등으로 SNS공격시작 ·스마트폰에 있는 페이스북 애플리케이션으로 "미친X 찐따 아냐", "장애인이냐"는 욕설이 메시지로 도착
중학교 3학년	·원치 않던 사진 등을 돌려보고 놀리는 단계로 언어폭력이 한 단계 진화 ·잠옷 차림으로 불려나가 찍힌 사진이 단톡으로 퍼져 나간 뒤 다른 친구들이 "너 잠옷 사진 이쁘네?" 라며 비꼬아

선 집에서도 무서웠다. 페이스북과 단체 카카오톡 등을 통해 집단 공격이 시작됐다.

현재 중학교 3학년인 서영이(가명·16) 얘기다. 이미 5년째 따돌림에 시달리는 서영이에게 물었다. 뭐가 가장 힘든지. 집단구타? 아니었다. 이렇게 오래 괴롭힘을 당했지만 대체 자신이 뭘 잘못했는지조차 아직 모른다는 사실이었다. 또 '구타'보다 '말'이 더 무섭다고 했다. 특히 자신의 마음을 왜곡하는 말이 심한 욕설보다 아프다고 했다.

동아일보 2014년 1월 17일자 신진우, 곽도영 기자의 기사
"낮엔 교실서 밤엔 카톡으로… 집단 욕설에 삶이 무너졌다" 중에서

1. 학교폭력의 원인은 무엇이라고 생각하십니까?

인류 최초의 폭력

배울말씀인 창세기 4장 1-12절과 주어진 성경 말씀을 읽고 다음 질문에 답을 하면서 타자(형제)에 대한 폭력이 어떻게 이루어졌는지 살펴봅시다.

1. 하나님께서는 왜 아벨과 그가 드린 제물은 받으시고, 가인과 그가 드린 제물을 받지 않으셨을까요? (창 4:5, 히 11:4)

2. 하나님께서 가인의 제물을 받지 않으셨을 때, 가인은 어떤 반응을 보였습니까? (창 4:5)

3. 분노한 가인은 결국 자기의 아우 아벨을 어떻게 했습니까? (창 4:8)

4. "죄가 너를 원하나 너는 죄를 다스릴지니라." 는 말씀의 뜻은 무엇일까요? (창 4:7)

5. 하나님이 "네 아우 아벨이 어디 있느냐?"라고 물으셨을 때, 가인은 "내가 알지 못하나이다. 내가 내 아우를 지키는 자니이까?"라고 대답합니다. 이런 가인의 모습 속에서 우리는 인간의 어떤 모습을 발견할 수 있습니까? (창 4:9)

다음 질문들에 언급된 성경구절을 참고로 하여 질문에 답해 봅시다.

1. 가인이 저지른 살인 폭력은 세 단계로 진행, 발전되고 있습니다. 그 시작은 무엇이었을까요? 야고보서 1장 15절을 참고해서 생각해 봅시다.

> "욕심이 잉태한즉 죄를 낳고 죄가 장성한즉 사망을 낳느니라" (약 1:15)

(   ) → 분노 → 살인

2. 폭력의 근원인 시기심은 왜 극복되어야 합니까? 아래의 성경구절을 확인하며 그 이유를 알아봅시다.

1) 누가복음 9장 62절	내 삶의 사명으로부터 빗나가게 합니다.
2) 야고보서 4장 1절	
3) 야고보서 3장 16절	모든 악한 죄를 낳습니다.
4) 잠언 14장 30절	

'시기심'이라는 상태와 시기심이 일으키는 불행한 상황에 대해서 '목적이 이끄는 삶'의 저자인 릭 워렌 목사는 이렇게 이야기하고 있다.

사람이 다른 사람들을 부러워하고 시기하여 그 사람을 바라보게 되면 자기 자신의 초점을 잃게 된다. 하나님께서 내 삶을 통하여 하시고자 하는 사명에 열중하지 못하고 다른 사람들이 하는 일에 관심을 맞추기 시작한다.

다른 사람이 가진 것을 내가 원하기 시작하면 시기심이 생긴다. 이 시기심으로 인하여 충돌이 생기게 된다. 시기하게 되면 내 잔디가 이웃의 잔디보다 더 푸르기를 원할 뿐만 아니라 이웃의 잔디가 타서 갈색이 되기를 원한다.

시기심 때문에 거짓말을 하게 된다. 시기심 때문에 악담하게 된다. 시기심 때문에 살인하게 된다. 시기심으로 사람들의 삶에서 여러 가지 문제가 일어난다.

시기심은 사람의 행복을 파괴한다. 시기심은 파괴적이다. 시기심이 사람을 삼켜버린다. 시기심은 암보다도 더 나쁘다. 내가 주의하지 않으면 시기심은 나를 산 채로 삼킨다. 아마데우스라는 영화에서 살리에르가 모차르트를 시기하게 된다. 그는 모차르트와 그의 능력에 대한 시기심으로 가득 차서 거의 미칠 지경이 된다. 시기심이 그런 일을 한다. 내가 부러워하는 사람이 실수하기를 너무나 열렬히 원하기 때문에 그 결과로 내가 인생의 실패자가 된다. 시기심은 결과가 좋지 않다. 시기심은 우리를 파멸로 이끌어간다.

3. 폭력의 근원인 시기심을 어떻게 극복할 수 있습니까? 다음의 성경구절과 관련이 있는 문장을 서로 연결시켜 봅시다.

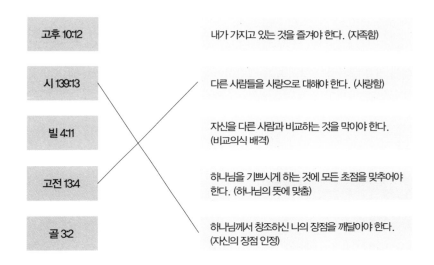

1) 고후 10:12

"우리는 자기를 칭찬하는 어떤 자와 더불어 감히 짝하며 비교할 수 없노라 그러나 그들이 자기로써 자기를 헤아리고 자기로써 자기를 비교하니 지혜가 없도다"

2) 시 139:13

"주께서 내 내장을 지으시며 나의 모태에서 나를 만드셨나이다"

3) 빌 4:11

"내가 궁핍하므로 말하는 것이 아니니라 어떠한 형편에든지 나는 자족하기를 배웠노니"

4) 고전 13:4

"사랑은 오래 참고 사랑은 온유하며 시기하지 아니하며 사랑은 자랑하지 아니하며 교만하지 아니하며"

5) 골 3:2

"위의 것을 생각하고 땅의 것을 생각하지 말라"

평화를 만드는 사람들

1. 나는 폭력의 가해자인가요, 피해자인가요? 혹 자신으로 인해 고통 받은 사람이 있었는지 돌아보세요.

2. 폭력의 가해자를 처벌하는 것보다 더 중요한 것은 가해자와 피해자가 모두 회복될 수 있는 공동체를 만드는 것입니다. 우리 사회가 폭력으로 상처 받은 사람들을 회복시킬 수 있는 공동체가 되기 위한 방법을 함께 찾아서 실천해 보세요.

①	
②	
③	

온 율법은 네 이웃 사랑하기를 네 자신 같이 하라 하신 한 말씀에서 이루어
졌나니 만일 서로 물고 먹으면 피차 멸망할까 조심하라 (갈 5:14-15)

사랑의 하나님! 폭력이 난무하는 세상에서 수많은 사람들이 폭력으로 인해
고통하며 신음하고 있습니다. 우리 가운데 도사리고 있는 폭력의 근원인 시
기심, 이기심, 분노를 먼저 잘 다스릴 수 있도록 힘을 주시고 악에 빠지지
않게 하옵소서. 폭력이 횡행하는 세상에서 평화와 화해를 실천하는 삶을 살
아 세상의 빛이 되게 하옵소서. 예수님의 이름으로 기도드립니다. 아멘.

쉼과 여가

배울말씀　창세기 2장 1-3절, 마가복음 2장 23-28절
새길말씀　수고하고 무거운 짐 진 자들아 다 내게로 오라 내가 너희를 쉬게 하리라
　　　　　(마 11:28)

관심갖기　　　　　　　　　　　　　　일중독 사회

일중독에 대한 기사문을 읽고, 주어진 질문에 답해 봅시다. .

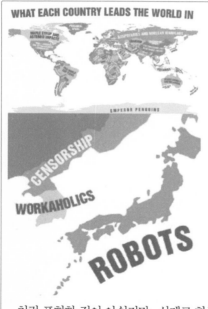

"나라별 대표 분야 세계지도 '눈길'… 세계인이 보는 한국은?"

　최근 해외의 한 유명 만화사이트 '도그하우스 다이어리'가 각 나라를 대표하는 단어를 넣은 세계지도를 만들어 눈길을 끌고 있다. 세계은행과 기네스북 데이터를 바탕으로 만들어진 이 지도는 다소 코믹하면서도 사실적이다. 이 사이트에서 선정한 한국을 대표하는 단어는 '일중독자(workaholics)'이다. 아침부터 밤늦게까지 일만 한다는 의미의 단어를 우리나라를 대표하는 것처럼 표현한 점이 아쉽지만, 실제로 한국은 세계에서 가장 일을 많이 하는

국가로 알려져 있다. 이 만화사이트는 각 나라를 대표하는 단어로 북한은
'검열', 일본은 '로봇', 중국은 '이산화탄소 방출과 신재생에너지'를 선정했다.
인도는 '영화', 영국은 '파시스트 운동', 프랑스는 '관광'이 올랐다. 이밖에 스
페인은 '코카인 사용', 네덜란드는 '키 큰 나라', 멕시코는 '번개 치는 나라',
독일은 '월드컵 거의 승리'가 올랐으며 남극에는 '황제펭귄 제국'이라는 타이
틀이 붙었다.

국민일보 2013년 10월 23일자 김민석 기자의 기사 참조.

"휴일에 쉬면 가슴 답답… 나도 몰래 출근병"

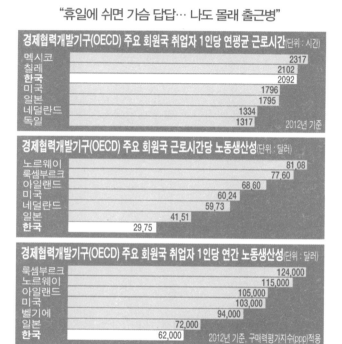

경제협력개발기구(OECD) 주요 회원국 취업자 1인당 연평균 근로시간(단위 : 시간)

국가	시간
멕시코	2317
칠레	2102
한국	2092
미국	1796
일본	1795
네덜란드	1334
독일	1317

2012년 기준

경제협력개발기구(OECD) 주요 회원국 근로시간당 노동생산성(단위 : 달러)

국가	달러
노르웨이	81.08
룩셈부르크	77.60
아일랜드	68.60
미국	60.24
네덜란드	59.73
일본	41.51
한국	29.75

경제협력개발기구(OECD) 주요 회원국 취업자 1인당 연간 노동생산성(단위 : 달러)

국가	달러
룩셈부르크	124,000
노르웨이	115,000
아일랜드	105,000
미국	103,000
벨기에	94,000
일본	72,000
한국	62,000

2012년 기준, 구매력평가지수(ppp)적용

동아일보 2014년 2월 20일자 유성열 기자의 기사 참조.

1. 위의 두 기사를 읽고 자신과 가족들, 혹은 주변 사람들의 삶은 어떠한지 이야
기해 봅시다.

2. 하나님은 우리에게 안식도 명하셨습니다. 휴식 없는 일, 일중독에 대해서 어떻게 생각하십니까?

기억하기
안식의 의미

배울말씀인 창세기 2장 1-3절, 마가복음 2장 23-28절을 읽고 주어진 질문에 답해 봅시다.

1. 하나님께서는 창조 사역을 마치신 후 일곱째 날에 무엇을 하셨습니까?
   (창 2:2)

2. 하나님께서는 왜 일곱째 날을 복 주시고 거룩하게 하셨습니까? (창 2:3)

3. 바리새인들은 안식일에 예수님의 제자들이 이삭을 자르는 것을 비난했습니다. 이와 관련해 예수님께서 다시금 안식일의 본질적 의미에 대해 설명하셨습니다. 그것은 무엇입니까? (막 2:23-28)

4. 참된 안식을 얻을 수 있는 길은 무엇일까요? 마태복음 11장 28절을 찾아 적어
   보고 그 답을 찾아봅시다.

〈마 11:28〉

1. 여가 때 하는 놀이나 오락으로 얻는 즐거움에 대해 어떻게 생각하십니까? 전
   도서 5장 18절을 말씀 읽고 생각해 봅시다.

> 사람이 하나님께서 그에게 주신 바 그 일평생에 먹고 마시며 해 아래에서 하는 모
> 든 수고 중에서 낙을 보는 것이 선하고 아름다움을 내가 보았나니 그것이 그의 몫
> 이로다
>
> (개역개정 전 5:18)
>
> 그렇다. 우리의 한평생이 짧고 덧없는 것이지만, 하나님이 우리에게 허락하신 것
> 이니, 세상에서 애쓰고 수고하여 얻은 것으로 먹고 마시고 즐거워하는 것이 마땅
> 한 일이요, 좋은 일임을 내가 깨달았다! 이것은 곧 사람이 받은 몫이다.
>
> (새번역 전 5:18)

2. 예수님의 모습을 통해서 우리가 일하는 시간 이외의 시간, 곧 여가를 의미있고
   유익하게 보낼 수 있는 원칙들을 발견하게 됩니다. 주어진 성경구절을 찾아 예
   수님께서 어떤 일을 행하셨는지 살펴보고, 그와 연관지어서 우리들의 여가와
   쉼이 어떠해야 하는지 생각해 봅시다. 관련 있는 것끼리 줄로 이어 봅시다.

본문	예수님의 모습	우리가 해야 할 것
누가복음 24:15	1) 제자들과 함께 음식을 나누신 예수님	a. 주님의 말씀을 배웁니다.
누가복음 24:25-29	2) 제자들과 동행하신 예수님	b. 어려움에 빠진 친구들을 격려합니다.
누가복음 24:41-43	3) 제자들에게 말씀을 가르쳐 주신 예수님	c. 믿음의 친구들과 함께 교제해야 합니다
요한복음 20:19	4) 의심 많은 도마에게 증거를 보여주신 예수님	d. 서로 음식을 나눕니다 (Table Fellowship)
요한복음 20:24-29	5) 두려워하는 제자들을 위로하고 평안을 주신 예수님	e. 믿음이 없는 친구들을 격려해야합니다

평신도 양육교재

응답하기

여가와 놀이

1. 다음은 우리 주변에서 흔히 볼 수 있는 놀이 형태들입니다. 각 내용에 대해서 부정적인 측면과 그것을 극복하는 방법들에 대해서 이야기 나누어 봅시다.

① 각종 도박

② 퇴폐적이고 선정적인 사교춤

③ 음주 문화

④ 인터넷을 통한 음란 문화

⑤ 폭력적 컴퓨터 게임 문화

2. 기독교인으로서, 혹은 교회 공동체가 할 만한 취미 혹은 놀이문화에는 어떠한
것들이 있을까요? 자신의 경험을 통해 이야기하고 서로 좋은 정보를 공유하고
실천하도록 합시다.

나만의 여가	악기 연주, 걷기 여행
가족의 여가	
교회에서의 여가	
사회에서의 여가	

새길말씀 외우기 ··

수고하고 무거운 짐 진 자들아 다 내게로 오라 내가 너희를 쉬게 하리라
(마 11:28)

결단의 기도 ··

사랑의 하나님! 우리에게 일할 수 있는 축복을 허락해 주심을 감사드립니
다. 또한 일한 후에 안식할 수 있도록 여건을 만들어 주심을 감사드립니다.
안식 가운데 여가를 선용하게 해 주시고 올바른 여가활동을 통해 영육간에
강건한 삶을 살게 하옵소서. 예수님의 이름으로 기도드립니다. 아멘.

5

평신도 양육교재

자연과 화해하는 삶

배울말씀 창세기 1장 24-29절

새길말씀 하나님이 그들에게 복을 주시며 하나님이 그들에게 이르시되 생육하고
번성하여 땅에 충만하라, 땅을 정복하라, 바다의 물고기와 하늘의 새와
땅에 움직이는 모든 생물을 다스리라 하시니라 (창 1:28)

평신도 양육교재

관심갖기

신음하는 자연

아래의 글을 읽고 질문에 답해 봅시다.

 1991년 3월 14일 경상북도 구미시 구포동에 있는 D전자의 페놀 원액 저장 탱크에서 페놀수지 생산라인으로 통하는 파이프가 파열되는 일이 발생했다. 30톤의 페놀원액이 옥계천을 거쳐 대구의 상수원인 다사 취수장으로 흘러듦으로써 수돗물을 오염시켰다. 페놀 원액은 14일 밤 10시경부터 다음 날 새벽 6시까지 약 8시간 동안이나 새어 나왔으나 발견하지 못했고, 수돗물에서 악취가 난다는 대구 시민들의 신고를 받은 취수장 측에서는 원인을 규명하지도 않은 채 페놀 소독에 사용해서는 안 되는 염소를 다량 투입, 사태를 악화시켰다. 다사 취수장을 오염시킨 페놀은 계속 낙동강을 타고 흘러 밀양과 함안, 칠서 수원지 등에서도 잇따라 검출되었고, 부산, 마산을 포함한 영남 전 지역은 페놀 파동에 휩쓸리게 되었다.

이 사고로 대구지방 환경청 공무원 7명과 D전자 관계자 6명 등 13명이 구속되고, 관계 공무원 11명이 징계 조치되는 등 환경사고로는 유례없는 문책인사가 뒤따랐다. 또 국회에서는 진상 조사위원회가 열렸고, 각 시민 단체는 수돗물 페놀 오염대책 시민단체 협의회를 결성하였으며, D 회사 제품 불매운동이 확산되기도 하였다.

낙동강 페놀오염사건, 엔싸이버 백과사전

1. 오래 전에 있었던 이 환경오염 사고는 누구 때문에 일어난 일인가요?

2. 요즘도 우리 주변에서 낙동강 페놀방류 같은 환경오염 사례를 흔히 발견할 수 있습니다. 자신이 알고 있는 다른 사례를 나누어 봅시다.

평신도 양육교재
기억하기
태초부터 지금까지

배울말씀인 창세기 1장 24-29절을 읽고 아래의 질문에 답해 봅시다.

1. 하나님께서는 창조하신 자연세계를 어떻게 여기셨습니까? (창 1:25)

2. 하나님께서 자연에 대해 인간에게 내리신 3가지 명령은 무엇인가요?
   (창 1:26, 28)

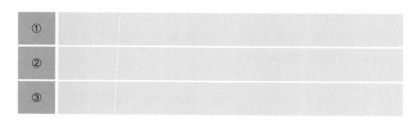

①	
②	
③	

3. 성경은 자연계의 상태를 어떻게 묘사하고 있습니까? 로마서 8장 22절을 찾아 적고 그 의미를 이야기해 봅시다.

<롬 8:22>

평신도 양육교재
반성하기   자연과 화해하기

1. 인간은 지구상 모든 피조물에 대한 청지기라고 할 수 있습니다. 이러한 사실을 두고 볼 때 현재 지구 전체가 경험하고 있는 자연자원 고갈, 이상기후 현상(온난화와 한랭화), 대기와 수질 오염, 오존층 파괴, 종의 감소와 멸종 등의 환경 문제의 근본 원인이 어디에 있다고 할 수 있을까요? 야고보서 1장 15절의 말씀을 찾아 적고 그 궁극적인 원인을 생각해 봅시다.

<약 1:15>

2. 파괴된 자연을 살리는 방법은 무엇일까요? 고린도후서 5장 17~18절을 찾아 적고 말씀을 바탕으로 그 방법을 함께 나누어 봅시다.

〈고후 5:17-18〉

자연을 살리기 위해

1. 인간은 하나님의 청지기로서 자연환경을 보존하고 관리할 책임이 있습니다. 오염된 환경을 다시 회복시킨 아래의 사례를 함께 읽어 봅시다.

난지도 쓰레기 매립장 (1978년 3월~1993년)

쓰레기 하차   쓰레기에서 나온 침출수

"난지도 쓰레기 산 위로 쏟아져 내리는 불볕은 저주였다.
그 산에 살아있는 것이 있다면 썩어 가는 일과 썩어 가는 냄새뿐이었다."

정연희, 〈난지도〉中

생태환경 공원 조성 이후

하늘공원

평화의 공원

난지천공원

월드컵공원

2. 환경오염을 막기 위한 자연보호 활동이나 환경운동이 반드시 필요는 없습니다. 한 사람의 개인으로서 실천할 수 있는 일들이 많이 있습니다. 수질오염, 토양오염, 대기오염 등을 막기 위해서 내가 실천하고 있거나, 실천해야 할 일들을 확인해 보고 서로 이야기 나누어 봅시다.

자연을 살리기 위해 해야 할 일들	지금 실천하고 있는 일	앞으로 실천해야 할 일
1. 쓰레기를 함부로 버리지 않는다.		
2. 대중교통을 이용한다.		
3. 가까운 길은 걸어다닌다.		
4. 쓰레기 분리수거를 철저히 한다.		
5. 물건을 가능한 한 아껴서 오래 쓴다.		
6. 안 쓰는 전기 제품의 코드를 빼놓는다.		
7. 물을 아껴서 사용한다.		
8. 음식물을 남기지 않는다.		
9. 일회용품을 되도록 쓰지 않는다.		

3. 자연환경보호와 생태계보호를 위해서 우리 교회가 할 수 있는 일들이 무엇인지 찾아봅시다. 그리고 실천하기 위해 노력합시다.

①	일회용 컵 사용 자제
②	
③	

하나님이 그들에게 복을 주시며 하나님이 그들에게 이르시되 생육하고 번
성하여 땅에 충만하라. 땅을 정복하라, 바다의 물고기와 하늘의 새와 땅에
움직이는 모든 생물을 다스리라 하시니라 (창 1:28)

결단의 기도 ....

사랑의 하나님! 전 지구의 생태계가 신음하고 있습니다. 인간이 하나님의
창조세계를 잘 보존하지 못하고 파괴시키는 잘못을 저지르고 있습니다. 우
리가 청지기의 사명을 인식하여 자연을 지키고 자연과 화해하는 삶을 살게
하옵소서. 예수님의 이름으로 기도드립니다. 아멘.

MEMO

MEMO

MEMO